DE LA MORTALITÉ

EXCESSIVE

DES ENFANTS

PENDANT LA PREMIÈRE ANNÉE DE LEUR EXISTENCE

SES CAUSES

ET DES MOYENS DE LA RESTREINDRE

DU MÊME AUTEUR :

DE L'INDUSTRIE DES NOURRICES

ET DE LA MORTALITÉ DES PETITS ENFANTS

Paris, 1867, in-8°, 160 pages.

Prix : 2 francs.

IMPRIMERIE L. TOINON ET Cᵉ, A SAINT-GERMAIN.

DE LA MORTALITÉ

EXCESSIVE

DES ENFANTS

PENDANT LA PREMIÈRE ANNÉE DE LEUR EXISTENCE

SES CAUSES

ET DES MOYENS DE LA RESTREINDRE

PAR

Le Docteur C. MONOT

De Montsauche (Nièvre).

LAURÉAT DE L'ACADÉMIE DE MÉDECINE ET DE LA SOCIÉTÉ PROTECTRICE
DE L'ENFANCE DE PARIS

———

MÉMOIRE COURONNÉ PAR LA SOCIÉTÉ PROTECTRICE DE L'ENFANCE
le 18 février 1872.

PARIS

LIBRAIRIE J.-B. BAILLIÈRE ET FILS

19, rue Hautefeuille, près du boulevard Saint-Germain.

———

1872

AVERTISSEMENT

Celui qui ajouterait un million au chiffre de notre population, ferait bien plus pour sa prospérité et la prépondérance du pays que celui qui, au prix du sang, nous donnerait un territoire de quelques lieues.

(JULES SIMON, 1868, *Mémoire à l'Institut*.)

Si certaines questions d'hygiène publique ont le privilége de passionner l'attention, d'émouvoir les esprits, on peut affirmer que la question de la mortalité du premier âge est une de celles qui ont, depuis quelques années, excité le plus l'ardeur des sociétés savantes, des esprits philanthropes.

« Étudiée, envisagée depuis longtemps déjà par des
« médecins, des économistes, des hommes généreux, elle
« restait en quelque sorte latente, lorsqu'en 1866, intro-
« duite à l'Académie de médecine, par le docteur Monot
« (de Montsauche), elle éclata comme une révélation sou-
« daine et terrible; elle provoqua une explosion de pitié
« et d'indignation et bientôt conquit sa place parmi les

« plus vives préoccupations de l'opinion publique et des
« conseils du Gouvernement. » (Boudet.)

L'Académie a terminé son œuvre et clos ses discussions
sans que la pratique en ait recueilli de grands fruits, mais
le débat est encore pendant devant l'opinion publique, le
champ reste encore ouvert aux recherches des âmes dési-
reuses d'appliquer un remède sur ce mal profond que la
société porte au sein.

C'est qu'en effet, prendre l'enfant à sa naissance, le suivre
dans tous ses développements, veiller et subvenir à tous
ses besoins physiques, moraux et intellectuels, le défendre
contre tous ses ennemis, la misère, l'ignorance et le vice,
éloigner de lui autant que possible les causes de mortalité
et d'étiolement, faire de lui un homme vigoureux, un citoyen vertueux, le sortir en un mot de cette position qui
fait de lui dans nos campagnes ce que l'on pourrait appeler
un *nègre blanc*, tel est le but vers lequel doivent tendre tous
les efforts de ceux qui aiment leur patrie, tous ceux que
sa fortune et sa grandeur intéressent.

« Celui qui ajouterait un million au chiffre de notre
« population, ferait plus pour sa prospérité et la prépon-
« dérance du pays, que celui qui, au prix du sang, nous
« donnerait un territoire de quelques lieues. » Qui pourrait contester la justesse de ces paroles prononcées par
M. Jules Simon en 1868, alors que notre population a été
décimée par la guerre étrangère, par la guerre civile, par

les épidémies, qui depuis quelques années viennent ajouter à l'horreur de nos désastres, alors que notre pauvre France, dépossédée de l'Alsace et de la Lorraine, voit sa population si tristement diminuée (1,700,000 habitants), voit sa puissance virile si profondément atteinte.

Tous à l'œuvre! nous crie M. Charles Thirion, l'actif secrétaire des séances de la Société protectrice de l'Enfance. Oui! à l'œuvre tous ceux qui rêvent encore la grandeur de la France, tous ceux qui ont confiance dans une revanche prochaine. — A l'œuvre! car il ne s'agit de rien moins que de la dégénérescence de notre race, de son affaiblissement, comparé à l'accroissement incessant des autres nations de l'Europe. — Notre puissance relative va s'affaiblissant chaque jour, si cette puissance est basée sur le nombre de bras qu'on peut mettre à l'œuvre, sur l'intelligence qui les dirigera, si la force militaire dépend du nombre d'hommes qu'on peut mettre sous les armes.

Tandis que la France double sa population en 198 années, la Prusse double la sienne en 54 ans, l'Angleterre en 52 ans.

Cherchons donc à augmenter notre population, recherchons et étudions les causes multiples qui font que chaque année la France perd près de 120,000 (chiffre supérieur au contingent annuel de l'armée) de ses enfants, victimes de l'incurie, de l'ignorance, de la négligence, de la malpropreté, de l'insalubrité des habitations, de l'exploitation et du trafic dont ils sont l'objet; recherchons les moyens propres à réduire cette mortalité, de mettre fin à ces hécatombes d'innocentes victimes; indiquons, s'il est possible, un remède pratique à un état de choses aussi affligeant.

Il y a là une maladie cruelle, mille fois plus cruelle que les épidémies les plus meurtrières qui sévissent sur la population, cherchons à en préciser les causes, les ravages, indiquons ensuite le traitement à y appliquer : question essentiellement médicale qui a son étiologie, son diagnostic, son pronostic, son traitement, mais aussi question de droit et de jurisprudence, puisque nous aurons à envisager sous toutes ses formes et sous tous ses aspects l'infanticide tel qu'il est défini par la loi, à rechercher les causes diverses qui déterminent inévitablement, nécessairement la mort de l'enfant nouveau-né, à apprécier les circonstances qui font que la mort est *évitable* et accidentelle ou violente, qu'il y a oui ou non infanticide. — Nous terminerons en indiquant les dispositions préventives qui pourraient être introduites dans la législation actuelle, pour restreindre la mortalité générale des enfants.

C. MONOT.

Montsauche (Nièvre), mars 1872.

DE LA MORTALITÉ

EXCESSIVE

DES ENFANTS

PENDANT LA PREMIÈRE ANNÉE DE LEUR EXISTENCE

SES CAUSES

ET DES MOYENS DE LA RESTREINDRE

I.

CONSIDÉRATIONS SUR L'ÉTAT PHYSIOLOGIQUE DE L'ENFANT.

Il nous a semblé qu'il était important de connaître de quelle façon doivent s'accomplir normalement les fonctions de l'enfant bien portant, si l'on veut étudier avec fruit et reconnaître d'une façon certaine leur état morbide et pathologique.

Le caractère physiologique le plus remarquable de l'enfance est une activité énorme du mouvement de nutrition, et cette activité est d'autant plus considérable qu'on se rapproche davantage de la naissance : en veut-on une preuve? un enfant de trois ans a atteint la moitié de sa hauteur totale, il a donc acquis en l'espace de trois années (et neuf mois de vie intra-utérine) autant que dans les quinze ou dix-huit ans qui vont suivre.

Au moment de sa naissance « l'enfant est plus faible qu'aucun des animaux. » (Buffon.) Il est dans l'impossibilité absolue de satisfaire à la plupart de ses besoins.

« La nature fut pour l'homme une cruelle marâtre : au « jour de sa naissance, elle l'a jeté sur une plage déserte, « tout en larmes et en sanglots, et c'est par des gémisse- « ments que le roi de la création augure de la vie au mi- « lieu des souffrances. » (Sénèque, *Let. Lucil.*)

Les organes de la digestion n'ont qu'un développement incomplet et ne permettent l'introduction que d'une petite quantité d'aliments liquides.

Sa circulation est rapide et précipitée, cependant tout le monde sait avec quelle difficulté il lutte contre les causes de refroidissement, ce qui prouve l'imperfection de l'hématose.

Sa respiration est accélérée aussi, et cependant encore la température de son corps est sensiblement égale à celle de l'adulte.

Les organes des sens, dans les premiers mois de la vie surtout, sont imparfaits, les fonctions de relation n'existent pas.

Quelques années suffisent pour modifier tout cet état de choses.

C'est au moment de la naissance que les phénomènes les plus remarquables s'accomplissent.

L'enfant qui, jusque-là, était contenu dans un liquide, change tout à coup d'atmosphère, l'air froid qui se trouve en contact avec toute la surface du corps se précipite en même temps dans les poumons, il en augmente le volume, le poids, la consistance, la couleur.

En même temps la circulation change de direction, l'hématose, qui se faisait par l'intermédiaire de la mère, devient directe, la vie à deux devient personnelle : l'enfant, qui recevait de la mère les aliments tout préparés, devra maintenant les prendre lui-même, liquides, peu abondants, jusqu'au moment de la première dentition, époque à laquelle les aliments solides deviendront nécessaires, mais époque aussi qui, souvent, traîne à sa suite un immense cortége de souffrances, de susceptibilités pathologiques et devient une période d'angoisses et de crainte pour la pauvre mère.

L'intelligence se développe, la figure prend de l'expression, les tissus se modifient, les muscles deviennent fermes, le système osseux se solidifie.

Ainsi le caractère physiologique le plus important, le plus général de la première enfance est donc une activité considérable du mouvement de nutrition, activité qui se traduit d'une façon sensible sur les diverses fonctions de la vie organique. — Si la circulation est rapide, la respiration du petit enfant est accélérée, les mouvements d'inspiration et d'expiration sont précipités, ils sont doubles de ce qu'ils seront à l'époque du complet développement.

Pour nous résumer : d'une part, faiblesse considérable, imperfection des organes ; d'autre part, grande activité dans le travail de la vie, voilà ce qui domine la physiologie de l'enfant.

D'après ce qui précède, il est facile de comprendre combien les phénomènes externes ont de prise sur l'enfance, combien l'action des causes morbifiques ont plus d'énergie sur elle que dans une période plus avancée de la vie. La faiblesse des organes, leur imperfection, les changements nombreux et rapides qui déterminent dans chacun d'eux leur mise en action, expliquent facilement le développement d'un grand nombre de maladies de l'enfant naissant.

Les causes antihygiéniques sont toutes-puissantes sur le jeune âge ; les affections épidémiques, contagieuses, organiques, frappent dans toute la période de la première enfance ; les affections des voies respiratoires, celles des intestins, l'atteignent fréquemment après sa naissance, tandis que les fièvres éruptives, la coqueluche, les maladies du cerveau, ne se manifestent en général qu'un peu plus tard.

Plus l'enfant est jeune, plus il est exposé aux maladies ; plus il naît faible et chétif, plus ses organes sont impressionnables.

II.

DES CAUSES DE MORTALITÉ.

Il résulte des différentes enquêtes qui ont été faites, que le chiffre des enfants qui succombent en France pendant le cours de la première année est de 17,51 pour 100, à raison de 900,000 naissances par an, ce qui donne 167,000 décès en une année. — De 1840 à 1854, la moyenne des décès n'était que de 16 pour 100.

C'est ce chiffre 17,51 qu'on a l'habitude de donner comme le chiffre de la mortalité normale pendant le cours de la première année, et c'est encore à ce chiffre qu'on a l'habitude de comparer tous ceux qui ont été relevés à propos de la mortalité du premier âge.

Qu'on nous permette de nous élever contre cette prétention de ceux qui pensent que le chiffre 17,51 représente la mortalité nécessaire, cette mortalité inévitable, « dominée par des lois supérieures, » par les lois secrètes de la nature, dont il ne nous est pas donné de sonder les profondeurs ; non, ça n'est point là le chiffre de la mortalité normale.

Il résulte, en effet, des recherches de M. Devilliers, que la mortalité des enfants de la population rurale, dans une partie du département du Rhône, est de 5 pour 100 : ce chiffre doit être bien proche de celui qu'assignent ces lois de la nature à la mortalité normale, inévitable (1)!

Elle est de 11 pour 100 dans la Creuse et les Basses-Pyrénées, de 13 pour 100 dans l'Indre.

Nous savons que dans certains départements, la mortalité atteint un chiffre effrayant, 75, 80 et même 90 pour 100 (dans le département de la Loire-Inférieure), aussi pouvons-nous conclure logiquement que dans beaucoup de départements, ces chiffres doivent être très-faibles, aussi faibles que ceux trouvés par M. Devilliers, puisque tous les départements réunis donnent une moyenne de 17,51 pour 100.

Le nombre des enfants qui succombent en France pendant le cours de la première année est de 167,000, à raison de 17,51 pour 100 ; or il ne serait que de 46,000, à raison de 5 pour 100, c'est donc, en chiffre rond, un tribut illégitime de 120,000 enfants que la mort prélève chaque année sur notre pauvre France : et le cœur ne se soulèverait pas d'indignation en face d'un pareil résultat ! Oui! le mal est arrivé à son comble, il est arrivé à ce degré que « la patrie est en danger, » comme l'a si éloquemment dit M. Boudet à l'Académie de médecine (2).

Qu'on ne l'oublie pas, la question de la mortalité des enfants est non-seulement une question d'humanité, elle est encore une question d'État.

(1) *Bulletin de l'Académie de médecine,* 1865, t. XXXII, p. 180.
(2) *Bulletin de l'Académie de médecine.*

Devons nous donc désespérer de l'avenir, devons-nous nous abandonner au découragement ? Non ! mille fois non ! plus le mal est profond, plus nous devons redoubler d'énergie. Que les plaies saignantes de la patrie, que ses désastres, loin de nous décourager, nous servent d'aiguillon : que désormais tous les hommes de cœur se passionnent pour la sainte cause de la conservation de notre espèce, de sa régénération, et bientôt nous pourrons dire de nouveau que la France est la première nation du monde !

Une mortalité effroyable, hors de proportion, pèse donc, en France, sur les enfants pendant le cours de la première année de leur existence, ceci est un point acquis. La mortalité nécessaire, inévitable est de 5 pour 100, comme nous l'avons exposé, mais admettons qu'elle soit de 17,51 comme le veulent à tort le plus grand nombre des statisticiens, comment se fait-il qu'elle atteigne 40, 50 et même 71 et 90 pour 100 sur une certaine catégorie d'enfants, notamment sur ceux confiés à des nourrices étrangères ? Telle est la question que nous allons avoir à examiner.

La mortalité excessive des nourrissons est imputable à des causes multiples et complexes, et quand nous aurons examiné les plus saillantes, celles qui frappent tous les yeux, qui sait si nous n'en aurons pas omis un grand nombre qui, pour être moins visibles, n'en sont pas moins redoutables ?

Tous ceux qui ont étudié les causes de la mortalité excessive de la première enfance, se sont évertués à faire une énumération nombreuse de ces causes ; la commission nommée par l'Académie de médecine en a invoqué quinze, je crois, mais les a-t-elle bien toutes embrassées ? Il est au moins permis d'en douter. Oui, sans doute, la misère, l'abandon, les mauvaises conditions de l'alimentation naturelle ou artificielle, le froid, l'ignorance, l'incurie, la mal-propreté, l'insalubrité des habitations, les soins médicaux trop tardifs, le défaut de vaccination..., etc., contribuent à la mort des nouveau-nés, mais à des degrés divers.

Ce qu'il serait important d'établir, c'est moins une énu-mération qu'une hiérarchie entre ces influences perni-cieuses.

Est-ce à dire que nous ayons la prétention de faire mieux, non-seulement d'envisager, sans en oublier une seule, toutes ces influences léthifères qui pèsent si lour-dement sur le petit enfant, mais encore de les classer d'une façon logique, hiérarchique ? Hélas non ! telle n'est point notre prétention ; cependant il nous a semblé qu'on pouvait ranger dans deux grandes classes naturelles toutes les causes de mortalité qui frappent le jeune enfant.

Dans la première, nous placerons toutes les causes inhérentes à l'œuf, au fœtus ; nous les appellerons *causes intrinsèques*. — Dans la seconde, toutes les causes acquises, étrangères au fœtus, à sa constitution, nous les appelle-rons *causes extrinsèques*, par opposition aux premières.

Les causes extrinsèques se subdiviseront elles-mêmes en deux autres genres qui comprendront : 1° les causes qui peu-vent frapper indistinctement tous les enfants, qu'ils soient ou non allaités par leur mère, par une femme étrangère, ou même qu'ils ne soient pas allaités et nourris artificiellement ; 2° les causes qui atteignent exclusivement les enfants qui ne sont pas allaités par leur mère ou sevrés prématurément.

Disons, dès maintenant, qu'à l'affaiblissement de l'es-prit de famille, à l'abandon de l'allaitement maternel qui a créé l'industrie nourricière et la substitution des soins mercenaires aux soins de la famille, nous rapporterons la plus grande part de mortalité des nouveau-nés.

Causes intrinsèques. — Mais en dehors de ces causes que nous venons de signaler et qui priment toutes les autres, qui leur donnent naissance pour la plupart, il en est une catégorie à laquelle on n'a porté, jusqu'à ce jour, qu'une attention médiocre. Les nombreuses publications qui ont paru, jusqu'à ce jour, sur la mortalité du premier âge, sont muettes sur ces causes ; c'est à peine si à l'Académie de médecine, lors de la grande discussion sur la mortalité des nouveau-nés, deux ou trois orateurs ont effleuré cette question, et cependant elle aurait dû, par son importance, occuper une large place dans la discussion, nous voulons parler des causes de mortalité inhérentes à l'œuf lui-même, des conditions qui font que sa vitalité est amoindrie, des causes qui font qu'avant sa naissance, l'enfant est voué à une mort presque certaine.

Il est deux causes principales qui amoindrissent la vitalité de l'œuf, la syphilis et l'alcoolisme : les conditions sociales au milieu desquelles vit la femme enceinte ont également une influence considérable sur le produit de la conception.

§ I. — Tous les médecins savent combien l'œuf est impressionnable au poison syphilitique : s'il échappe à la mort, l'enfant qui naît s'affaiblit rapidement et meurt dès les premiers mois de son existence. Nulle autre maladie n'influe d'une façon plus fâcheuse sur le produit de la conception : que l'ovule soit vicié, au moment de sa fécondation, par le père ou par la mère, il amènera presque infailliblement un avortement, ou bien, s'il se développe régulièrement, l'enfant naît tantôt couvert de syphilides cutanées ou viscérales, tantôt sain en apparence, mais destiné à périr prochainement, victime de la diathèse syphilitique qu'il apporte avec lui. Depuis quelques années, les faits de ce genre se sont multipliés d'une façon désespérante.

§ II. — Si la syphilis congénitale détermine la mort chez un grand nombre d'enfants, l'ivrognerie fait, de son côté, de nombreuses victimes : « cette ivrognerie, qui tue tou-« tes les facultés intellectuelles et morales, qui pousse « l'homme à la basse débauche, quelquefois jusqu'au « crime, qui fait descendre notre âme immortelle à un ni-« veau plus bas que l'âme même des bêtes. » Cet abaissement de l'intelligence, cet affaissement nerveux, ces accès de prostration, d'hébétude, compliqués d'accès épilepti-formes, provoqués par l'alcoolisme, arrivent à l'enfant par hérédité et augmentent ses chances de mortalité, le fait a été constaté de toute antiquité.

La consommation de l'alcool fait des progrès tels, qu'elle doit donner les plus grandes inquiétudes. Voici des chiffres authentiques que j'ai relevés : en France, la consommation de l'alcool, qui était de 350,000 hectolitres en 1830, s'est élevée successivement en 1850 à 650,000 hectolitres, en 1869, à 972,000 hectolitres, non compris les quantités qui échappent aux droits.

Le nombre des débits de boissons a atteint la proportion de 1 débit sur 102 habitants.

En 1869, le chiffre des morts accidentelles par suite d'excès alcooliques s'est élevé à 587, en 1849, il était de 334, celui des suicides s'est élevé successivement de 240 à 664.

De 1849 à 1869, le nombre des cas de folie de cause alcoolique a quintuplé.

L'abus des liqueurs fortes entraîne avec lui les conséquences les plus funestes pour l'individu, la famille et la société.

Si à ces deux causes puissantes, nous ajoutons les tentatives d'avortement, la mauvaise hygiène pendant le cours

MONOT.   2 de la grossesse, les écarts de régime, les maladies de toutes sortes qui peuvent survenir, nous comprendrons aisément que les influences fâcheuses qui peuvent atteindre l'œuf, sont nombreuses, qu'outre les causes extrinsèques, il y a aussi toute une série de causes intrinsèques qu'on ne doit pas oublier et auxquelles on devra s'efforcer d'apporter un remède.

Dans un grand nombre de cas, la maladie du nouveau-né provient donc de la mère et non point de la lactation ou de toute autre cause que nous avons énumérée plus haut.

§ III.—Les conditions sociales au milieu desquelles vit la femme pendant la période des neuf mois qui précède la naissance a une influence considérable sur le produit de la conception. L'enfant légitime et l'enfant naturel naissent dans des conditions bien différentes. Aux douleurs morales qui affectent la fille-mère, se joignent souvent la douleur physique, la misère et la faim ; repoussée de la société, le travail manque souvent, sa santé s'altère rapidement, elle donne souvent le jour à un enfant chétif et faible, voué à une mort prochaine. — La femme mariée, au contraire, lorsqu'une grossesse se déclare, est entourée de soins, de précautions. Aussi existe-t-il une différence énorme entre la proportion des enfants mort-nés ou succombant dans les premiers jours de la naissance, suivant qu'ils proviennent des filles-mères ou des femmes mariées.

D'après les statistiques officielles publiées par le gouvernement, de 1861 à 1865, sur 100 naissances légitimes, il y eut en France 4 mort-nés, et sur 100 naissances illégitimes, il y eut 8 mort-nés : ceux qui viennent à terme et vivants sont, en raison de leur faiblesse native, peu aptes à résister aux influences extérieures, et alors qu'ils exigeraient, pour prolonger leur faible existence, les soins les plus minutieux et les plus empressés, ils leur font le plus souvent défaut.

La fille-mère, repoussée par tout le monde, sans travail, sans ressource, n'offre alors à son pauvre enfant qu'un lait peu abondant et de mauvaise qualité. Souvent encore, alors qu'elle aurait pu élever tendrement ce pauvre petit être, si la société, au lieu de la repousser, fût venue à son aide ; affolée, brisée de douleur, elle lui donne la mort.

Le plus souvent, cependant, elle le confie à une mauvaise nourrice qui, ne recevant pas la pension promise, refuse non-seulement à ce pauvre enfant les soins qui lui sont nécessaires, mais encore les aliments indispensables à l'entretien de sa chétive existence.

Il résulte, du reste, des statistiques publiées par le Ministère de l'Agriculture et du Commerce que la moyenne des enfants légitimes morts pendant la première année de leur existence, étant 16 pour 100, celle des enfants naturels est 32 pour 100.

Telles sont les causes intrinsèques de l'excessive mortalité du premier âge ; passons en revue maintenant les causes extrinsèques.

Causes extrinsèques. — Nous ne saurions trop le dire et le répéter, c'est à l'affaiblissement de l'esprit de famille, à l'abandon de l'allaitement maternel et par suite à l'industrie nourricière, qu'il faut attribuer ces morts si nombreuses que l'on ne constate guère que là où elle s'exerce : « Lisez « les documents publiés sur la question, parcourez les an- « nales de la justice, consultez les médecins placés dans « les contrées riches en nourrices, et vous verrez que telles « sont, au demeurant, les principales origines de la grande

« mortalité des nourrissons, origines multiples et com-
« plexes en apparence, mais au fond et en réalité ré-
« ductibles à ce terme unique et compréhensible : *abus de*
« *l'industrie ou plutôt l'exploitation nourricière*. » (Linas,
Gazette hebdomadaire de médecine, 1866.)

Lorsque la femme est devenue mère, son devoir est de
nourrir elle-même son enfant. Malheureusement elle ne
peut pas toujours remplir ce devoir à cause de certaines
conditions de fortune ou de santé. — Celle-ci est riche, mais
sa constitution débile s'oppose à l'allaitement ; celle-là pos-
sède une santé merveilleuse, mais elle doit vivre de son
travail, ses occupations journalières ne lui permettent pas
de nourrir son enfant : il n'est guère possible, en effet,
d'exiger des femmes des petits commerçants de Paris,
obligées de se tenir toute la journée dans un comptoir ou
dans une arrière-boutique, humide, privée d'air et de
lumière, d'allaiter leurs enfants.

Quelques mères perdent la vie en donnant le jour à leur
enfant, d'autres sont absolument privées de lait, ou bien la
quantité en est insuffisante ; il y a nécessité dans ces diverses
circonstances de recourir à des nourrices étrangères, mais
en dehors de ces circonstances, l'allaitement doit toujours
être pratiqué par elle-même. Je n'insisterai pas sur les avantages qu'elle y trouvera ; voir le mémoire du docteur Brochard : « *De l'allaitement maternel, aux points de vue de la mère,
de l'enfant et de la société*, » où cette question est si bien trai-
tée (1) ; mais je dirai cependant à la jeune mère : Souvenez-
vous que les soins rémunérés que vous ferez donner même
sous vos yeux à votre enfant, ne remplaceront jamais ceux
qu'inspire l'amour maternel éclairé par l'éducation, par

(1) Paris, 1868, 1 vol. in-18.

cette tendresse et cette sollicitude qui ne « se supplée pas. »
— Souvenez-vous que ce petit être est destiné à entretenir
au foyer domestique les douceurs de la vie de famille et que
lorsque l'intimité ne règne plus sous le toit conjugal, « il
faut bien recourir aux mauvaises mœurs pour y suppléer. »
(J.-J. Rousseau.)

Nous devons reconnaître cependant que la nourrice sur
lieu est loin d'offrir, à un certain point de vue, les inconvé-
nients de la nourrice à la campagne ; la nourrice qui allaite
au domicile de l'enfant présente même quelquefois des
avantages sur l'allaitement maternel, surtout si l'on a af-
faire à une nourrice saine, forte, vigoureuse, pourvue d'un
lait abondant, de bonne qualité, et que la mère elle-même
soit maladive ou affaiblie par les fatigues de la grossesse.
— Il paraîtrait du reste que la mortalité des enfants confiés
à des nourrices sur lieu serait peu différente de celle des
enfants nourris par leur propre mère.

Pourquoi, hélas ! ne pouvons-nous en dire autant des
enfants emportés et nourris dans les campagnes ! Pourquoi
ne pouvons-nous en dire autant des enfants des nourrices
sur lieu qui sont abandonnés dans les campagnes à des
mains étrangères, sevrés prématurément, alimentés d'une
façon défectueuse, après avoir fait une, deux et même
jusqu'à trois fois le voyage de Paris ?

Nous habitons un canton où l'industrie nourricière
s'exerce avec frénésie ; qu'on nous pardonne cette expression ; mais nous l'employons parce que nous n'en trouvons
pas d'autre qui dépeigne mieux la situation ; eh bien, nous
avons voulu savoir quelle était la mortalité des enfants des
nourrices sur lieu, et voici ce que nous avons constaté :
de 1858 à 1869, c'est-à-dire en l'espace de 12 ans, le nombre
des accouchements s'est élevé à 3950, le nombre des femmes

qui sont allées nourrir sur lieu à 2710, le nombre des enfants morts à 779 ou 33 pour 100, et cela dans un laps de temps qui a varié entre 8 jours et 3 mois après leur retour de Paris.

La mort de tous ces enfants a été déterminée, et le fait a été vérifié, par le sevrage prématuré, les voyages de Paris, le défaut de soins, l'alimentation défectueuse. Un grand nombre de ceux qui ne meurent pas immédiatement deviennent gâteux, rachitiques ou scrofuleux et finissent par succomber dans un temps plus ou moins rapproché.

Si la nourrice sur lieu n'offre pas de très-graves inconvé-nients pour l'enfant qu'elle allaite, combien sont redoutables les conséquences qui font qu'elle abandonne son propre enfant pour nourrir celui d'une autre femme. Nous ne saurions donc trop nous élever contre cette habitude qu'ont les femmes du monde de s'affranchir du devoir sacré d'allaiter elles-mêmes leurs enfants, sous des prétextes futiles.

N'oubliez pas, madame, que jadis en France, toutes les mères, dans quelque condition qu'elles se trouvassent, se faisaient un honneur d'allaiter leurs enfants; les reines elles-mêmes ne croyaient pas alors que leur rang les dis-pensait de remplir un devoir que la nature prescrit et qu'elle récompense par de si doux plaisirs. « La reine Blanche
« voulut être la nourrice de son fils, et comme il est bien
« malaisé de s'exempter d'être jaloux de ce que l'on aime
« beaucoup, elle ne put souffrir que saint Louis prît d'autre
« lait que le sien. Un jour que la reine était dans une grande
« ardeur d'un accès de fièvre qui dura extraordinairement,
« une dame de qualité qui, pour lui plaire ou pour l'imiter,
« nourrissait aussi son fils, voyant le petit Louis pleurer de
« soif, s'ingéra de lui donner la mamelle. La reine, au sortir
« de son accès, demanda son fils et lui offrit la sienne; mais

« le petit Louis n'en voulut point, soit qu'il fût pleinement
« rassasié, soit qu'un lait brûlé le rebutât après en avoir
« pris autant de frais qu'il lui en fallait. Il n'était pas diffi-
« cile d'en deviner la cause, et la reine la soupçonna d'abord.
« Elle feignit d'être en peine de remercier la personne à
« qui elle était redevable du bon office rendu à son fils
« durant son mal, et la dame, croyant faire sa cour, avoua
« que les larmes du petit Louis l'avaient si sensiblement
« touchée qu'elle n'avait pu s'empêcher d'y mettre remède.
« Mais la reine, au lieu de repartir, la regarda d'un air
« dédaigneux, et, entrant avec force son doigt dans la
« bouche de l'enfant le contraignit à vomir le lait qu'il
« avait pris. Cette violence donna de l'étonnement à ceux
« qui la virent; la reine pour la faire cesser dit : « Je ne
« puis endurer qu'une autre femme ait droit de me dispu-
« ter la qualité de mère. » Tant on était persuadé alors que
« la nourriture des enfants faisait partie de leur éduca-
« tion. » (Varillas, *La minorité de saint Louis.*)

Le duc d'Orléans, qui fut régent du royaume pendant la
minorité de Louis XV, avait été allaité par sa mère, la
princesse palatine Charlotte-Élisabeth de Bavière.

N'oubliez pas, madame, que les premières caresses de
votre enfant, que les premiers mots qu'il bégaye sont pour
une autre que pour vous, pour sa nourrice et que ce n'est
qu'à force de temps et de travail que vous transplanterez,
que vous grefferez pour ainsi dire dans son âme cet amour
filial qu'il aurait dû puiser dans votre sein.

Ne restez pas insensible aux gémissements de ces pauvres petits êtres qui ne succombent trop souvent que parce
que vous avez refusé de vous soumettre aux plus douces
obligations de la maternité.

Prenez-y garde, en agissant de cette façon vous compromettez deux existences, celle de votre propre enfant, celle de cet autre enfant dont le vôtre a pris la place.

Je viens de vous le dire, c'est dans les premières semaines que ces pauvres petites créatures perdent la vie ; enlevés trop tôt, après leur naissance, au sein maternel, transportés en hiver sans les précautions nécessaires, exposés pendant leur long voyage aux intempéries, nourris d'eau sucrée, de boissons narcotiques, ils arrivent au village morts à moitié de froid et d'inanition ; vous devenez complice de ces nombreux infanticides qui révoltent nos consciences, qui attristent nos cœurs.

Non ! vous ne voudrez pas rester plus longtemps insensible à ces abominables sacrifices humains, vous ne voudrez pas que l'enfant du pauvre paye plus longtemps de sa vie l'allaitement rétribué que vous ferez donner par sa mère à votre propre enfant ; vous ne voudrez pas que la séve nationale s'épuise en pure perte, alors que notre chère patrie a besoin de tant de bras, de toutes ses forces ; vous ne voudrez pas que sous le vain prétexte d'obéir aux exigences du jour et de cette civilisation raffinée du xix⁰ siècle, alors que le bien-être va en augmentant chaque jour, que nos progrès dans les sciences, les arts, l'industrie, font l'admiration du monde entier, la France s'affaisse sur elle-même et ne « lègue aux générations futures que de rares héritiers « pour jouir des merveilleuses conquêtes du génie natio-« nal. » (Boudet.)

Souvenez-vous qu'en Écosse où l'industrie nourricière est inconnue, où toutes les mères nourrissent leurs enfants, la mortalité n'est que de 11 pour 100.

Le fait qui s'est passé pendant la dernière guerre que nous venons d'éprouver, met hors de doute que l'allaitement maternel est le vrai remède à opposer à la mortalité du premier âge. En effet, pendant les dix derniers mois de l'année 1870 et les six premiers de 1871, alors que Paris fut investi à deux reprises différentes et qu'il devint impossible aux nourrices de province de se rendre dans la capitale, toutes allaitaient leurs enfants, et voici les modifications qui survinrent dans le chiffre de la mortalité.

Le chiffre des naissances, dans mon canton, s'éleva à 290, celui des décès des enfants de 1 jour à 1 an, à 54, ce qui donne une moyenne de 17 p. 100. Or nous savons que le chiffre de la mortalité des enfants des femmes qui nourrissent à Paris est de 33 p. 100 ; le jour où il ne leur a plus été permis d'émigrer, de faire voyager leurs enfants, de les sevrer subitement et prématurément, nous avons vu la mortalité générale tomber au-dessous du chiffre dit normal de la mortalité. — Ce résultat dispense de tout commentaire, il est l'argument le plus éloquent qu'on puisse invoquer en faveur de l'allaitement maternel.

A côté de la femme qui vit dans l'opulence et dans l'oisiveté, qui peut, par sa position de fortune, prendre une nourrice chez elle, dans le but de s'affranchir de la suggestion de l'allaitement maternel, existe la pauvre mère qui, sans ressources pécuniaires, condamnée à travailler sans relâche pour subvenir à ses besoins journaliers, est obligée, dans l'état actuel de nos mœurs, d'abandonner son enfant, de le confier à des mains étrangères, de l'envoyer à la campagne. C'est cette triste nécessité qui a donné naissance à l'industrie nourricière, qui a déterminé cette mortalité déplorable des nourrissons étrangers dans les départements où s'exerce cette industrie.

Nous savons de quelle façon sont recrutées les nourrices, toutes les publications faites sur ce sujet, depuis quelques années, ont suffisamment édifié le public, sans qu'il soit nécessaire d'y revenir. Examinons donc de suite quel sort est réservé à cet enfant qui vient de naître et qui, séparé sans pitié du sein maternel, est abandonné aux soins d'une nourrice étrangère.

D'une façon générale, l'enfant qui est envoyé par sa famille dans la campagne n'est pas allaité au sein : et comment le serait-il, puisque toutes les femmes du pays où s'exerce l'industrie nourricière, susceptibles de se placer comme nourrices sur lieu, se rendent à Paris : les choses doivent se passer ailleurs comme ici. Or nous avons exposé que sur 3950 femmes accouchées dans ma localité, 2710 s'étaient placées comme nourrices sur lieu, 1260 seulement sont restées dans le pays. — De ce chiffre, il importe de déduire celui des femmes mortes en couche, celles qui n'avaient point de lait, celles qui, se trouvant dans une position de fortune exceptionnelle, non-seulement ne se sont pas chargées de nourrissons étrangers, mais encore ont pris chez elles-mêmes des nourrices mercenaires pour allaiter leurs propres enfants, soit en nombre rond 500, ce qui nous donne un reliquat de 760. — De ce chiffre, il importe encore de retrancher celui de 480, représentant le nombre des nourrices qui ont allaité des enfants assistés du département de la Seine, et celui de 20, représentant le nombre des nourrices qui se sont chargées de l'allaitement des enfants appartenant à la Société protectrice de l'enfance ; il nous reste donc 260 nourrices qui auraient pu se charger d'allaiter des nourrissons étrangers.

De nos recherches cependant, il résulte que pendant la période qui nous occupe, 1210 enfants ont été apportés dans cette localité pour y être allaités ; il devient alors évident que le plus grand nombre de ces enfants n'ont pas été nourris au sein, qu'ils ont été soumis à une alimentation artificielle et nullement en rapport avec leur âge, avec leurs facultés digestives. Aussi, qu'est-il arrivé? C'est que 848 de ces enfants sont morts pendant la première année de leur existence, soit 71 p. 100, sur ce chiffre 322 ou 27 p. 100 sont morts pendant le premier mois.

Sachez donc, mères de famille, que le plus grand nombre des enfants que vous envoyez à la campagne ne tètent point le lait de la nourrice que vous leur avez destinée ou qu'une entremetteuse vous a promise.

Sachez que si 260 nourrices sont restées dans ce pays et n'ont pas émigré vers la capitale, c'est parce qu'atteintes d'affections scrofuleuses, de maladies chroniques, syphilitiques, ou de tout autre mal contagieux, elles n'avaient aucune chance de se placer, et que si par malheur elles commencent l'allaitement de votre enfant, elles lui insinueront insensiblement le poison qui le fera périr ou affaiblira sa constitution.

Sachez encore que votre enfant n'est qu'un objet de lucre et de spéculation qui doit rapporter tant par mois; sachez que la nourrice de la campagne, en admettant qu'elle soit saine, n'est souvent qu'une misérable femme, vivant de peu, travaillant beaucoup et suant en quelque sorte son lait par tous les pores; pour elle, misère au dedans, intempéries et rudes travaux au dehors, et n'ayant plus à présenter à son nourrisson qu'un sein épuisé, un lait rare et de mauvaise qualité, la constitution de ce pauvre enfant, quelque forte qu'elle puisse être, ne peut résister longtemps à ces causes sans cesse renaissantes de destruction.

Ainsi donc l'abandon de l'allaitement maternel est encore la cause principale de cette mortalité qui frappe si rudement sur les nourrissons, sur les *Petits-Paris*, comme on les appelle; mais à cette cause principale viennent s'en greffer d'autres qui n'en sont que les conséquences, et que nous allons examiner successivement.

Prenons l'enfant au moment où il vient de naître, et voyons les causes qui peuvent déterminer rapidement sa mort ou porter atteinte à sa constitution, qu'il soit destiné à être allaité par une nourrice étrangère sous les yeux de la mère, ou emporté à la campagne.

Il est rare que l'accouchement terminé, on ait sous sa main la nourrice qui doit allaiter l'enfant, surtout si au lieu de la prendre dans un bureau de placement, on doit la faire venir d'une campagne quelquefois fort éloignée et n'ayant que des communications très-difficiles avec Paris; or c'est le cas le plus ordinaire : un grand nombre de per. sonnes trop précautionneuses ont, en effet, pour habitude de retenir soit une ancienne nourrice, ayant déjà nourri précédemment quelques enfants dans la famille, soit une femme qui, leur ayant été recommandée par une amie, est elle-même sur le point d'accoucher. Que fait-on de l'enfant en attendant l'arrivée de la nourrice ? on le gorge d'eau sucrée, de bouillie, et de là quelquefois les accidents les plus graves ; le méconium est retenu dans les intestins, l'enfant se tord et s'agite par suite de coliques, il vomit, — il est pris de convulsions internes qui peuvent déter- miner la mort, — quand un peu de colostrum fourni par le sein de la mère aurait suffi pour lubréfier le conduit intestinal, solliciter ses contractions, délayer le méconium et faciliter l'expulsion de cette matière. Le plus souvent, je le reconnais, l'enfant rend seul cette matière, mais enfin l'accident que je note peut se présenter, je dois le signaler. Il est vrai, je dois encore le reconnaître, que la nourrice fût-elle, même présente, au moment de l'accouchement, l'en- fant sera encore privé du secours que j'indique, la nourrice ayant le plus souvent un lait de deux à quatre mois, mais enfin, en tout état de cause, ce lait serait encore préférable aux boissons et aux aliments qu'on présente à l'enfant.

On sait que la mortalité est plus considérable dans la saison froide que dans les mois d'été, aussi doit-on empêcher la sortie des nouveau-nés dans les premiers jours de la naissance; et cependant que nous dit la loi, art. 55 : « les déclarations de naissance seront faites dans les *trois jours* de l'accouchement à l'officier de l'état civil du lieu; *l'enfant lui sera présenté...* » Un grand nombre de médecins et particulièrement le docteur Loir (1) ont insisté sur les dangers qu'il y a de porter les enfants nouveau-nés à la mairie pour dresser l'acte de naissance. Il y a là une pratique contraire aux lois de l'humanité, aux plus simples préceptes de l'hygiène.

Bien des réclamations s'étaient fait entendre contre cette détestable pratique, à laquelle il importe d'attribuer un certain nombre de décès; différents écrits avaient été publiés sur la matière, mais toutes ces tentatives étaient restées stériles, lorsque le 24 mai 1867, la Société protectrice de l'enfance adressa au Sénat une pétition destinée à signaler la nécessité d'opérer à domicile la constatation des naissances. Le 9 décembre suivant, la Société adressa une autre pétition dans le même sens à M. le Préfet de la Seine. En janvier 1868, l'Académie de médecine faisait de semblables démarches auprès du Ministre de l'Intérieur (2), et en dernière analyse M. le Préfet prenait un arrêté en vertu duquel les constatations de naissance seraient faites, pour Paris, à domicile à partir du 1er jan-

___

(1) Loir, *De l'état civil des nouveau-nés au point de vue de l'histoire, de l'hygiène et de la loi.* Paris, 1854.
(2) *Bulletin de l'Académie de médecine,* 1868, t. XXXIII.

vier 1869. Semblable arrêté était pris dans plusieurs autres villes et notamment à Bordeaux.

Cette mesure d'humanité, cette réforme si impérieusement, si justement réclamée, a été tirée de l'oubli par la Société protectrice de l'enfance, grâce à la persévérance et à l'insistance qu'elle a mise à la conquérir, grâce à l'infatigable activité de son secrétaire général, M. le docteur Alex. Mayer. La population parisienne sait en apprécier la valeur, mais quand donc la France entière jouira-t-elle du même avantage? Quelles sont donc les raisons si puissantes qui font que cette mesure n'est pas générale? la cause ne doit-elle pas être attribuée à l'insouciance, à l'indifférence de messieurs les préfets? Nous serions tenté de le croire après avoir lu la circulaire suivante qui leur a été adressée, le 9 avril 1870, par M. Chevandier de Valdrôme, ministre de l'intérieur :

Paris, 9 avril 1870,

« Monsieur le Préfet, les dispositions de l'article 55 du
« Code Napoléon qui prescrivent de déclarer les naissances
« dans les trois jours de l'accouchement et de présenter
« l'enfant à l'officier de l'état civil, ont été longtemps in-
« terprétées comme imposant aux familles l'obligation de
« transporter le nouveau-né à la mairie. C'est ainsi que la
« loi s'exécute aujourd'hui dans la plupart des communes.

« Cependant les enseignements de la science tendraient
« à prouver que, pendant les premiers jours qui suivent
« la naissance, il peut être dangereux d'exposer les enfants
« à l'impression de l'air extérieur. L'inobservation de cette
« règle de l'hygiène serait même, dans l'opinion de beau-
« coup de médecins, une des causes de mortalité qui frappe
« les nouveau-nés.

« Le législateur n'a jamais méconnu les précautions que

« réclame l'intérêt de la santé des enfants. Ainsi les lois
« du 20 septembre et 19 décembre 1792 font un devoir
« au maire de se transporter au domicile de l'accouchée,
« lorsque l'enfant ne peut sans danger être transporté à la
« mairie, de même les lois municipales depuis l'an X au-
« torisent la création d'officiers supplémentaires de l'état
« civil dans les sections qui communiquent difficilement
« avec le chef-lieu de commune. Mais ces facilités sont
« forcément restreintes à des cas exceptionnels, et, il faut
« le reconnaître, elles ne satisfont pas complétement aux
« légitimes préoccupations des familles.

« C'est pour répondre aux vœux pressants exprimés à
« ce sujet par les corps médicaux et par l'opinion publique,
« que les maires de plusieurs villes ont cru devoir, dans
« ces dernières années, organiser un service de constata-
« tion des naissances à domicile.

« Cette innovation, qui avait d'abord soulevé quelques
« objections au point de vue de la légalité, est acceptée
« aujourd'hui comme un fait accompli. On a reconnu, en
« effet, qu'à la différence de la loi de 1792, le Code Napo-
« léon n'exige pas que l'enfant soit transporté à la maison
« commune; il suffit qu'il soit présenté à l'officier de l'état
« civil; or, aucune disposition légale ne s'oppose à ce que
« la présentation ait lieu au domicile de l'accouchée.

« Depuis le 1er janvier 1869, ce mode a été mis en pra-
« tique à Paris; il n'est pas d'ailleurs obligatoire. La cons-
« tatation est faite, sans frais, par un médecin délégué de
« l'autorité municipale; les familles, si elles le préfèrent,
« présentent l'enfant à la mairie. Dans aucun cas, elles
« ne sont dispensées de la déclaration qui doit être faite
« suivant les prescriptions des articles 55 et 56 du Code
« Napoléon.

« Le désir du Gouvernement, monsieur le Préfet, est
« que cet exemple soit suivi dans toutes les localités où
« un service semblable pourra être organisé. C'est un
« service d'humanité, et les maires n'hésiteront pas, j'en
« ai la confiance, à l'étudier avec le sentiment d'une vive
« sollicitude.

« Il sera nécessaire que des allocations soient votées
« pour la rémunération des médecins vérificateurs ; des
« propositions pourront être soumises à cet effet aux con-
« seils municipaux dans la session de mai.

« Vous voudrez bien, monsieur le Préfet, me signaler
« les localités qui auront répondu à votre appel et me
« transmettre une copie des arrêtés pris par les maires.
« Ces arrêtés devront être communiqués au procureur im-
« périal avant d'être mis à exécution.

« A titre de renseignement, j'ai l'honneur de vous com-
« muniquer l'arrêté de M. le Préfet de la Seine, en date du
« 29 décembre 1868, et comme annexes un modèle : 1° de
« la demande de la constatation par la famille ; 2° du man-
« dat de visite ; 3° du certificat du médecin.

« *Le ministre de l'Intérieur*,

« CHEVANDIER DE VALDRÔME. »

Nul doute, d'après ce qui précède, que la loi relative aux
déclarations de naissance a été jusqu'à ce jour mal inter-
prétée, et que le transport à la mairie n'est pas obligatoire,
c'est ce qui du reste avait déjà été établi par Me Paillet,
avocat à la cour impériale à Paris.

Si le transport à la mairie détermine la mort de quelques
enfants, combien est plus funeste encore pour le nouveau-
né la pratique qui consiste à le porter baptiser, dans les
trois jours qui suivent la naissance ; voici à ce sujet la

lettre que j'adressais en mars 1870 à l'Académie de médecine :

« On a l'habitude de faire baptiser les enfants aussitôt
« après leur naissance; c'est là, d'après moi, une cause in-
« contestable de mortalité. On demande cependant avec
« instance que désormais les nouveau-nés ne soient plus
« présentés à l'officier de l'état civil, le transport à la
« mairie faisant courir les plus grands dangers à l'enfant.
« Combien sont plus redoutables les dangers courus par
« l'enfant naissant, transporté dans une église sombre,
« froide et humide, et qui, pour recevoir le baptême, devra
« être dépouillé de ses langes, recevoir des ablutions d'eau
« froide (ou tiède, mais vite refroidie en hiver) et les onc-
« tions prescrites par l'Église !

« Plus l'enfant sera faible, plus on craindra de le voir
« succomber, plus on se hâtera de le porter à l'église.
« Qu'il soit, en naissant, dans cet état de faiblesse native si
« souvent signalée, qu'un accouchement long et laborieux
« détermine chez lui un commencement d'asphyxie, loin
« de chercher à le ranimer, à rétablir la circulation et la
« respiration, on ne songe qu'à une chose, à le transporter
« à l'église, quelle que soit la distance à parcourir (quelque-
« fois 10, 12 et 14 kilomètres, comme dans nos campagnes),
« quelle que soit la saison, la température. Le plus souvent
« l'enfant est rapporté mort au domicile, alors qu'on aurait
« pu lui sauver la vie ! Pourquoi ne demanderait-on pas,
« ce qui ne semble pas contraire aux lois de la religion,
« que le baptême fût donné à domicile, aussi bien que les
« derniers sacrements? »

Nous savons que le baptême est quelquefois donné à domicile, mais ce privilége exceptionnel n'est accordé en général qu'en raison de la haute lignée, de la fortune du nouveau-né. Cette faveur, ce privilége doit cesser d'exister, la vie des enfants pauvres est aussi précieuse que celle des enfants riches; si la loi religieuse autorise pour les uns le baptême à domicile, je ne vois pas pourquoi elle ne l'autoriserait pas pour les autres : le clergé donne tous les jours assez de preuves d'abnégation et de dévouement à la cause de l'humanité, pour que nous soyons autorisé à penser qu'il suffirait de lui demander une réforme dictée par l'hygiène pour qu'immédiatement il y soit fait droit.

Telles sont les causes de mortalité qui peuvent indistinctement frapper le petit enfant, qu'il soit destiné à être allaité par sa mère ou par une nourrice étrangère.

Examinons maintenant les causes qui frappent plus spécialement sur les enfants envoyés à la campagne.

Je suppose que la nourrice qui doit allaiter le nouveau né soit choisie, il s'agit de regagner le village, elle se rend donc au chemin de fer. C'est alors que commence pour le nourrisson cette vie d'enfer qu'il est condamné à mener jusqu'à l'époque où la mort viendra le frapper, ou bien jusqu'au moment où, son existence sapée dans sa base étant pour lui une lourde charge, il sera rendu à sa famille.

La nourrice monte dans un compartiment de troisième classe, entourée d'un public sans gêne et sans égard pour le pauvre petit être qu'elle emporte; les émanations de la pipe et de toute autre nature ont promptement vicié l'air qu'il doit respirer; la nuit est glaciale, et cet enfant qu'on a dispensé du transport à la mairie, obligé de parcourir un chemin autrement long et plus dangereux que celui qui mène devant l'officier de l'état civil, est exposé au froid, aux courants d'air, aux fatigues de toutes sortes : de là les affections pulmonaires, l'endurcissement du tissu cellulaire, le sclérème et la mort.

A cette cause de froid produite par la température extérieure, il faut ajouter celle produite par l'alimentation défectueuse ou insuffisante ; le lait, en effet, lui fait presque constamment défaut : or il a été démontré par des expériences physiologiques que cet aliment, surtout lorsqu'il provient de la mère, est non-seulement un aliment de réparation, mais aussi un aliment de calorification par excellence.

Il est rare que le train s'arrête au village même de la nourrice, il reste souvent un long trajet à parcourir par des chemins cahoteux, dans un véhicule grossier ou même dans une simple charrette ; nourrice et nourrisson sont exposés à la pluie, à la neige, au vent. L'enfant crie, se tord dans d'affreuses convulsions, on lui administre pour le calmer de la décoction de pavot préparée à l'avance, de l'eau sucrée additionnée de laudanum, on lui procure un sommeil factice, quelquefois le sommeil de la mort.

Jusqu'ici, nous n'avons eu en vue que le Petit-Paris rapporté par la nourrice à laquelle il a été confié ; en général, cette dernière ne se charge que du transport de son nourrisson, mais il arrive aussi que dans le but de doubler et de tripler ses bénéfices, elle en rapporte deux à la fois, celui qui lui a été confié et celui d'une voisine qui vient de se placer comme nourrice sur lieu, quelquefois elle en rapporte, mais le fait est exceptionnel, jusqu'à trois. — Est-il nécessaire de dire que la nourrice ne pouvant s'occuper de ces trois enfants, ils sont considérés comme de vrais colis et traités avec les mêmes égards et les mêmes soins.

Si les nourrices se chargent rarement du transport de plus de deux enfants à la fois, il n'en est pas de même pour les meneuses, pour ces femmes cupides, grossières, sans cœur et sans entrailles, ces *faiseuses d'anges*, comme les appelle M. le docteur Brochard, dont le métier consiste à recruter des nourrices dans les campagnes, de ramasser à Paris les nouveau-nés pour les amener en province. Le plus grand nombre de ces meneuses ne sont pas inscrites à la préfecture de police; et cependant elles exercent ostensiblement leur métier infâme, elles font deux ou trois fois par mois le voyage de Paris, rapportent à chaque fois deux ou trois enfants, les placent au rabais et prélèvent chaque mois une certaine somme sur le prix de la pension. Elles seules correspondent avec la famille, reçoivent la pension, surveillent les enfants.

Il est facile de comprendre combien les placements faits dans de semblables conditions, par de pareilles femmes, sont déplorables. Il n'est pas rare, dans le village où elles habitent, de rencontrer quatre et cinq Petits-Paris dans la même maison, aussi la mortalité est-elle effrayante parmi ces pauvres petits enfants (71 pour 100, comme nous l'avons dit précédemment).

Il est une meneuse de cette contrée qui est bien connue de certaines sages-femmes de Paris : s'agit-il de faire disparaître un enfant nouveau-né qui plus tard deviendrait une source d'ennuis, ou bien des parents veulent-ils se débarrasser d'un nouvel enfant qui serait une charge, bien vite on s'adresse à elle, certain d'avance qu'une fois sorti de Paris, l'enfant n'y reviendra jamais; et qu'on ne croie pas que j'en impose au lecteur, le fait quelque incroyable qu'il paraisse est vrai : il y a deux ans, je signalai à la préfecture de police des faits; je donnai des adresses; on m'écrivit bien pour me demander certains renseignements, je me hâtai de les envoyer positifs, très-clairs, j'avais l'espoir qu'enfin on allait couper court, mettre un terme à une pratique aussi scandaleuse. Vain espoir, tout fut étouffé, ma lettre mise au panier ou reléguée au fond de quelque vieux carton; notre meneuse fut épargnée. Le docteur Brochard, dans sa brochure de *l'Allaitement maternel*, pages 76 et 77, cite des faits analogues.

Et nous nous enorgueillissons de la civilisation du xixe siècle, de ce siècle de lumière, où sans pitié nous condamnons à mort cette pauvre fille-mère qui a égorgé son pauvre petit enfant, par cet unique motif qu'elle ne pouvait ou qu'elle n'osait l'élever, parce qu'étant l'objet du mépris, de la réprobation générale, isolée, repoussée de tous, éperdue, désespérée, folle de douleur, elle a sacrifié son enfant à son honneur, et nous laissons exercer une industrie qui tue froidement, souvent par calcul et d'une façon barbare, un bien plus grand nombre d'enfants!

Voyons, en effet, de quelle façon sont nourris les enfants envoyés à la campagne : pour la plupart, ils sont privés du lait de la nourrice, le biberon ou la panade remplacent l'allaitement maternel.

L'allaitement artificiel au biberon, quoique très-préjudiciable à l'enfant, est cependant beaucoup moins nuisible que l'alimentation prématurée qui est si fréquemment pratiquée. Le plus grand nombre des nourrices sont de pauvres femmes qui ne possèdent ni vache ni chèvre, le lait manque dans la chétive chaumière; il faut bien recourir à l'alimentation prématurée; mais quelquefois aussi, alors que le lait abonde, le nourrisson en est privé au profit d'un veau qu'on nourrit dans l'étable. J'ai souvent été témoin de ce fait, incroyable mais vrai, et qu'il serait facile de vérifier, à savoir que dans le but de présenter à la foire ou au marché voisin un sujet irréprochable comme chair et embonpoint — on donnait au même veau la traite de deux vaches, tandis que le Petit-Paris n'avait pour toute nourriture qu'une soupe épaisse et indigeste.

Dans les cinq ou six premiers mois de la vie, les organes digestifs de l'enfant ne doivent recevoir que du lait, et cependant, le plus souvent, indépendamment des soupes et des bouillies épaisses, on donne à l'enfant, dans le but de le fortifier, du vin, du cidre, du café : l'estomac se fatigue facilement, des gastro-entérites se déclarent, la diarrhée, les vomissements arrivent, l'enfant maigrit et succombe rapidement.

Quelques-uns sont élevés au biberon, mais la plupart du temps ce mode d'alimentation artificielle est pratiqué d'une façon inintelligente ou par des mains incapables. Si l'instrument n'est point tenu dans un grand état de propreté, le lait s'altère rapidement, s'acidifie, il devient irritant, laxatif et détermine les plus redoutables accidents chez l'enfant : aussi la mortalité parmi les enfants allaités au biberon est-elle considérable, quoiqu'elle soit encore inférieure à celle qui existe chez ceux élevés au petit-pot. L'allaitement au biberon ne peut être utile que lorsqu'il est pratiqué par une femme soigneuse, dévouée, qui puisera dans son affection de mère, dans sa tendresse, cette patience nécessaire pour le pratiquer utilement.

L'ignorance, la routine, la misère, la malpropreté, l'insalubrité des habitations, des contrées où sont envoyés les enfants, le défaut de surveillance, sont également des causes incessantes de mortalité.

Les premières règles de l'hygiène de l'enfant sont presque inconnues, et cependant c'est au berceau qu'il faut prendre l'enfant, si on veut en faire un homme fort, robuste et vigoureux, c'est là qu'il faudra modifier sa constitution si elle est viciée; l'ignorance des lois de l'hygiène a quelquefois les plus graves conséquences.

Tandis que tous les efforts se dirigent vers l'amélioration des races animales, qu'on institue des comices agricoles, des concours régionaux, on laisse ceux qui sont chargés d'élever les enfants dans l'ignorance la plus grossière de l'hygiène de la première enfance : « une heure d'ignorance agissante coûte plus à la vie humaine qu'une journée de perte, » a dit M. Fonssagrives.

La femme qui se charge d'élever des nourrissons étrangers est en général misérable, aussi son habitation est-elle absolument défectueuse au point de vue des lois de l'hygiène ; mal construite, elle ne se compose ordinairement que d'une seule pièce basse, mal éclairée, sans fenêtre et n'ayant souvent pour toute ouverture que la porte d'entrée. — Un peu de terre glaise battue constitue le pavage, le plus souvent l'habitation a pour parquet la terre à travers laquelle viennent sourdre les eaux des terrains placés plus haut par derrière ; il résulte de cette disposition qu'il règne presque toujours dans ces habitations un degré d'humidité considérable, laquelle est encore augmentée par l'insouciance et l'incurie des habitants qui répandent sur le sol les eaux qui ont servi à leurs usages domestiques et qu'ils ne se donnent même pas la peine de jeter au dehors. Ajoutez à cela la fréquentation habituelle et quelquefois même la cohabitation de leurs animaux domestiques, porcs, chèvres, moutons, volailles, et il sera facile de se faire une idée de l'insalubrité de leurs maisons. — Une cheminée immense, sous laquelle vient s'abriter toute la famille, donne autant de froid que de chaleur ; peu élevée et très-large, elle laisse engouffrer tous les vents qui rabattent la fumée, de là la nécessité, souvent pendant la saison la plus rigoureuse, de laisser entr'ouverte la porte d'entrée par où s'échappe la fumée, mais aussi par où s'établira un courant d'air mortel pour le jeune enfant et pour la mère qui vient de lui donner le jour.

L'ameublement de la pièce est des plus complexes, on y rencontre deux ou trois grands lits, deux ou trois berceaux mobiles, ayant la forme de cercueils ouverts, suspendus les uns sur les autres à l'instar des hamacs. Souvent sous chaque lit se trouve une excavation profonde, nouveau genre de cave destinée à emmagasiner les pommes de terre, les légumes d'hiver, mais en même temps foyer perpétuel de fermentation d'où s'exhalent des miasmes pestilentiels ; souvent, dans un coin de l'habitation, une porte de communication avec l'étable.

A la porte de l'habitation est presque toujours placé le fumier provenant de l'étable; dans la cour existent des trous et cavités remplies de mauvaise paille, de fougères qui fermentent continuellement; sous les pieds s'échappe une eau noire, verdâtre et fétide ; çà et là, dans les chemins traversant le village, des mares infectes où l'on accumule les fientes que les animaux déposent sur la voie publique et qui appartiennent au premier occupant.

En songeant à toutes ces nombreuses causes d'insalubrité, on se demande comment un seul enfant peut échapper à la mort, comment même les adultes ne sont pas tous frappés.

Qu'un membre de la famille tombe malade, rien n'est changé dans la disposition de l'habitation, rien n'est dérangé, pas même son ou ses compagnons de lit : que le malade soit atteint d'une affection contagieuse, songez aux conséquences d'un pareil état de choses.

Ainsi donc, en dehors d'une mauvaise alimentation qui donne lieu chez les enfants en nourrice à une mortalité effroyable, il convient d'ajouter l'altération de l'air qu'ils respirent, altération qui résulte non-seulement des causes que nous venons d'indiquer, mais encore des émanations infectes qui s'exhalent d'une couchette malpropre, de langes rarement lavés ; la moindre lésion peut devenir alors le point de départ d'affections graves et mortelles.

Certains enfants sont d'une malpropreté repoussante ; comment demander à des nourrices qui ne savent même pas en quoi consistent les soins de propreté du corps, qu'elles tiennent un enfant propre ? Il existe même un préjugé qui consiste à penser qu'on ne doit pas laver les enfants, que les bains leur sont nuisibles ; d'après ce même préjugé, les nourrices respectent les croûtes qui se forment sur le cuir chevelu, ainsi que les poux qui pullulent rapidement dans ce foyer d'infection et qui sont une cause incessante de tourments pour ces pauvres petits êtres qui ne peuvent se défendre.

La literie n'est pas mieux soignée, la même paillasse, le même lit de plume (les matelas sont inconnus dans la campagne) servent à plusieurs générations. Imprégnée de sueur, d'urine, de matières fécales, elle exhale une odeur ammoniacale infecte, très-préjudiciable à la santé des enfants ; les vêtements, les couvertures de laine sont dans le même état.

L'enfant est-il malade, a-t-il la diarrhée, des vomissements, conséquence d'une mauvaise alimentation, on le gorge encore davantage de ces aliments qu'il ne peut digérer, et sous le funeste prétexte de lui rendre ses forces affaiblies, on lui fait boire du vin sucré, ou bien encore la nourrice va consulter la meneuse qui lui fournit quelques sirops inoffensifs, ou bien quelques boissons narcotiques qu'elle prépare elle-même et qui, le plus souvent, hâtent la mort.

Quant au médecin, ce n'est qu'exceptionnellement ou tardivement qu'il est appelé, alors que le mal est arrivé à ce degré que les ressources de la science sont impuissantes à ramener la vie prête à s'éteindre.

Le nourrisson est-il atteint de ces fièvres intermittentes déterminées par les miasmes qui s'élèvent des fumiers ou d'un marais voisin, on se garde bien d'y apporter remède, sous ce déplorable prétexte qu'il y a danger à couper la fièvre dès les premiers jours de son invasion : « il faut qu'elle fasse son effet, » disent les paysans ; en attendant elle revêt la forme pernicieuse, tue l'enfant ou sape sa constitution jusque dans ses fondements : on lui fait faire alors ce qu'on appelle ses *offrandes*, sorte de prières mystérieuses et cabalistiques dont certaines familles conservent le secret et qui ont la vertu de guérir infailliblement les fiévreux, ou bien on administre aux malades les mélanges les plus disparates, poivre infusé dans du café additionné d'eau-de-vie, jaune d'œuf battu avec une poignée de suie, etc.

L'enfant se fracture-t-il un membre, vite on va requérir le *rebouteur* du village (où *regogneur*, comme on l'appelle ici) qui, le plus souvent, se contente de faire sur le mal quelques signes mystérieux, ou d'appliquer un grossier appareil, lequel a pour résultat de déterminer souvent des ankyloses, des déformations du membre, des infirmités qu'il eût été facile d'éviter en appelant un médecin.

La vaccination tardive est encore une cause de mortalité des petits enfants. — Beaucoup de nourrices sont imbues de ce préjugé que la vaccine a la propriété de donner naissance aux maladies les plus graves : fortes de cette idée, elles refusent souvent de faire vacciner leurs enfants en bas âge, elles ne les font vacciner que vers l'âge de 3 ou 4 ans. — C'est encore là un préjugé qu'il faut détruire, il y a nécessité à inculquer, dans l'esprit des femmes des campagnes, cette vérité, que le vaccin est le seul préservatif de cette maladie affreuse qui, de distance en distance, s'abat sur nos populations et les décime : témoin cette épidémie qui, depuis deux ans, parcourt l'Europe et la France dans tous les sens et fait de si nombreuses victimes. — Il y a nécessité à leur persuader que si le vaccin ne préserve pas d'une façon définitive de la variole, il diminue singulièrement les chances de mort et garantit de ces infirmités trop fréquentes qui résultent de cette maladie.

Le défaut de surveillance, l'abandon dans lequel se trouvent les enfants confiés aux nourrices des campagnes, l'impunité qu'elles ont toujours, que l'enfant meure des suites d'un accident ou de tout autre mal dont la nourrice devrait être responsable, sont autant de causes qui augmentent la mortalité du premier âge.

Cependant, nous devons le reconnaître, il n'est guère possible de demander aux nourrices plus que leur intelligence, leur éducation et leur instruction ne peuvent donner; si elles ont besoin d'être surveillées, elles ont tout autant besoin d'être instruites et éclairées.

En ce qui concerne la surveillance, nous avons relevé des chiffres éloquents pour ce qui se passe dans notre contrée : l'enfant est-il soumis à une surveillance active et incessante (enfants de la Société protectrice de l'enfance), la mortalité est de 12 pour 100.

Est-il soumis à une surveillance trimestrielle et moins active que la précédente (enfants assistés), la mortalité est de 26 pour 100.

N'est-il nullement surveillé, est-il trafiqué par les meneuses et les nourrices, sa mort doit-elle être quelquefois
la source de nouveaux bénéfices (nourrissons de Paris), la
mortalité est de 71 pour 100.

En un mot, on peut dire que la mortalité du premier âge
est en raison inverse de la surveillance qu'on exerce sur les
nourrices et sur les nourrissons.

Les causes de mort qui environnent l'enfant sont donc
innombrables ; sans doute ceux qui succombent sont nombreux aussi, mais à côté de ceux-ci et parmi ceux qui
échappent, il en est également beaucoup qui, s'ils n'ont
pas été tués, ont été au moins touchés ; ils grandiront, mais
leur constitution ayant été profondément atteinte, ils trans-
mettront par l'hérédité le germe du mal qui circule dans
leurs veines, ils ne donneront que des rejetons débiles,
sans force et sans vigueur, et qui, s'ils ne périssent dès les
premiers temps de leur existence, traîneront tant qu'ils
vivront une vie misérable et entourée d'infirmités.

Cette question de la mortalité du premier âge est donc,
non-seulement une question d'arrêt dans le mouvement
ascensionnel de la population, mais c'est aussi une question d'amoindrissement physique de l'espèce tout entière.
— Pour s'en convaincre, il devenait intéressant de savoir
quel était, en effet, l'état physique, l'état de santé de la
population à cette période de la vie où l'homme doit être
dans toute sa vigueur et sa force. — Dans le but de m'en
rendre compte, j'ai fait relever dans les bureaux de la sous-
préfecture de mon arrondissement (Château-Chinon) le
chiffre des jeunes gens ayant pris part aux tirages au sort
et aux conseils de révision pendant la période décennale
de 1860 à 1870, pour tout l'arrondissement, et voici ce
tableau :

JEUNES GENS AYANT PRIS PART AUX TIRAGES AU SORT ET AUX CONSEILS DE RÉVISION DES CLASSES DE 1860 A 1870 (ARRONDISSEMENT DE CHATEAU-CHINON).

CLASSES.	NOMBRE DE JEUNES GENS.		EXEMPTIONS POUR INFIRMITÉS CONSTATÉES.				
	Tirages au sort.	Conseils de révision.	Défaut de taille.	Rachitisme	Phthisie.	Faiblesse générale.	Infirmités diverses.
1860	720	495	36	5	»	55	69
1861	769	516	24	5	»	79	72
1862	702	385	23	2	»	30	47
1863	731	466	40	9	»	41	78
1864	660	397	22	2	»	32	68
1865	789	577	26	6	»	55	135
1866	652	467	17	10	1	44	101
1867	615	615	33	7	»	27	105
1868	717	717	36	7	»	54	121
1869	739	739	47	7	1	27	93
TOTAUX.	7.094	5.374	304	60	2	444	889

Il résulte de ce tableau que 7,094 jeunes gens de 20 ans ont pris part aux tirages au sort, que sur ce nombre 5,374 ou 76 pour 100 ont été examinés par les conseils de révision. Or sur ce chiffre 444 ou 12 pour 100 ont été exemptés pour faiblesse générale, 304 pour défaut de taille, 889 pour infirmités diverses, et qu'en somme 1,699 ou 31 pour 100 ont été reconnus impropres au service militaire : si on retranche ce nombre de 5,374, il reste 3,675, chiffre qui représente le contingent d'hommes forts et vigoureux appelés sous les drapeaux.

Il reste donc dans l'arrondissement : 1° 1,699 individus infirmes, et par conséquent impropres à la reproduction, 2° 1,720 autres jeunes gens, non examinés, mais dont il importe encore de déduire 550 ou 31 pour 100, d'après la proportion qui précède, qui sont encore infirmes.

Tout calcul fait, alors que notre contrée possédait 7,094

jeunes gens de 20 ans, l'État nous en a pris 3,675, nous en a laissé 2,249 infirmes et 1,170 seulement irréprochables comme santé et comme constitution. — Est-il possible que dans ces conditions l'espèce n'aille pas chaque jour s'amoindrissant, physiquement parlant? Les armées permanentes, la conscription, sont deux causes d'affaiblissement pour notre race, en ce sens qu'elles ne laissent pour la perpétuer que des hommes entachés de quelques infirmités ou de vices de conformation, et, comme conséquence éloignée, nous retrouvons encore une cause de mortalité pour les jeunes enfants qui en proviennent. Nous n'avons pas la prétention de proposer un remède à cet état de choses, nous le constatons seulement, là doit finir notre rôle !

D'où vient que dans cet arrondissement essentiellement agricole, dans lequel il n'existe ni fabrique, ni manufacture, ni aucune de ces industries meurtrières pour le jeune ouvrier, on rencontre une proportion aussi considérable de jeunes gens infirmes? Nous n'hésitons pas à l'affirmer, c'est à l'industrie nourricière que nous devons attribuer ce mal. Ne l'avons-nous pas dit et démontré, l'abandon de l'allaitement maternel, s'il n'a pas pour conséquence de tuer toujours l'enfant, appauvrit sa constitution, la mine profondément et n'en fait qu'un être chétif et malingre.

Voyons maintenant ce qui se passe dans un arrondissement essentiellement industriel, l'arrondissement de Nevers.

JEUNES GENS AYANT PRIS PART AUX TIRAGES AU SORT ET AUX CONSEILS DE RÉVISION DES CLASSES DE 1860 A 1870 (ARRONDISSEMENT DE NEVERS).

CLASSES.	NOMBRE DE JEUNES GENS.		EXEMPTIONS POUR INFIRMITÉS CONSTATÉES.				
	Tirages au sort.	Conseils de révision.	Défaut de taille.	Rachitisme	Faiblesse générale.	Phthisie.	Infirmités diverses.
1860	1.100	734	33	4	77	»	10
1861	1.131	701	20	5	99	1	3
1862	1.154	739	30	3	85	»	19
1863	1.191	761	33	2	77	»	29
1864	1.145	750	41	3	75	»	20
1865	1.216	926	46	5	103	2	60
1866	1.093	812	29	9	87	»	45
1867	967	826	14	1	28	»	34
1868	1.029	596	12	5	39	»	26
1869	1.182	610	13	6	44	»	22
TOTAUX.	11.208	7.255	271	43	714	3	268

Ainsi sur 11,208 jeunes gens ayant pris part aux tirages au sort, 7,255, ou 66 pour 100, ont été examinés pour former les contingents; dans l'arrondissement de Château-Chinon la proportion est de 76 pour 100.

Sur 7,255 examinés, 1,299, ou 18 pour 100, ont été reconnus impropres au service militaire; dans l'arrondissement de Château-Chinon la proportion s'élève à 31 p. 100: tout l'avantage reste donc à l'arrondissement de Nevers qui est cependant essentiellement industriel. Des usines nombreuses, des établissements métallurgiques sont répandus sur toute l'étendue de cet arrondissement, les usines de Fourchambault, d'Imphy, de la Chaussade, la fonderie de canons, les houillères, les mines de fer, les fabriques de tous genres occupent un tiers de la population et constituent autant de centres pernicieux pour la santé des ouvriers ; quoi qu'il en soit, la santé générale de cet arrondissement est de beaucoup meilleure que celle de l'arrondissement de Château-Chinon ; c'est qu'à Nevers, chaque femme nourrit son enfant, qui puise dans le sein de sa mère cette séve vigoureuse qui lui permettra de résister à toutes les causes délétères qui, plus tard, l'envelopperont.

Si l'on consulte le compte rendu du recrutement présenté chaque année au chef du pouvoir exécutif, on remarque que le chiffre moyen des réformés pour toute la France est de 16 pour 100, eu égard au chiffre des jeunes gens examinés par les conseils de révision : dans l'arrondissement de Nevers, cette moyenne n'est dépassée que de 2 pour 100, quand dans l'arrondissement de Château-Chinon elle atteint le chiffre de 15 pour cent.

Nul doute qu'un résultat aussi déplorable ne soit déterminé par deux causes sur lesquelles nous insistons depuis le commencement de ce travail, l'abandon de l'allaitement maternel et l'industrie nourricière.

III.

MOYENS A OPPOSER.

Nous voici arrivé au point le plus difficile de notre tâche. Nous savons maintenant quelles sont les causes de la mortalité excessive du premier âge ; avec quelles armes, avec quels moyens pourrons-nous les combattre ? Étude délicate s'il en fut, mais qui peut être résolue, alors surtout que tout le monde comprend la nécessité d'agir, alors que de la solution de ce problème dépend le salut de nos enfants, l'avenir de la patrie, de la vie nationale.

Nous aimons la liberté autant que quiconque, mais nous ne voulons point d'une liberté qui conduit à la dépravation morale, à l'affaiblissement des liens de la famille, à la dégradation physique de notre espèce, à la mort de 126,000 enfants! Devons-nous donc abandonner l'industrie nourricière à elle-même? Telle n'est pas notre opinion ; l'expérience des temps passés nous montre trop tristement à quelles conséquences elle nous conduit. — L'État, je le reconnais, n'a pas qualité pour tenir chaque citoyen en tutelle, il n'a pas le droit d'empêcher un père de famille de confier son enfant à une nourrice qu'il aura choisie, mais il a bien le droit d'intervenir, de surveiller une industrie si préjudiciable à la santé publique. — L'enfant qui vient de naître appartient à sa famille par les liens du sang, mais il appartient aussi à la patrie, à la grande famille nationale.

L'autorité n'intervient-elle pas dans toutes les questions qui regardent l'intérêt particulier et l'intérêt général ? n'intervient-elle pas pour sauvegarder les transactions entre particuliers ? ne veille-t-elle pas à la salubrité des logements, à la bonne qualité des aliments et des médicaments qui sont fournis au public? La santé du jeune ouvrier occupé dans les usines n'est-elle pas l'objet de toute sa sollicitude, ne règle-t-elle pas son travail en même temps qu'elle prescrit toutes les mesures capables de sauvegarder sa vie, d'éviter les accidents? Et nous ne voudrions pas qu'elle exerce sa tutelle sur ce pauvre petit être qui naît si frêle et si misérable ?

Puisque l'industrie nourricière est une industrie, la plus délicate de toutes, elle doit être réglementée ; l'administration doit intervenir, elle doit veiller à la capacité des nourrices, à la salubrité de leurs habitations ; elle doit avoir l'œil ouvert sur ces chaumières où tant d'infanticides s'accomplissent, où tant de meurtres se commettent avec lenteur, quelquefois avec préméditation et d'une façon barbare.

La question de la réglementation de l'industrie nourricière n'est pas nouvelle, depuis 500 ans elle a constamment préoccupé l'autorité : il n'est pas sans intérêt de jeter un coup d'œil rétrospectif sur les différents édits ou ordonnances qui ont successivement intervenu dans l'industrie nourricière.

Le 13 juin 1350, le roi Jean publia une ordonnance réglant l'industrie des nourrices exercée par les *Recommandaresses*, faisant métier de procurer des nourrices : « Nour-
« rices gaigneront cinquante sols l'an et non plus, et si
« elles sont en service, ne le pourront laisser jusqu'à la fin
« de leur terme. Nourrices nourrissant enfants hors de la
« maison du père et de la mère des enfans gaigneront et
« prendront cent sols l'an et non plus et celles qui jà sont
« allouées deviendront au dit prix et seront contraintes
« faire leur temps, et qui fera le contraire, il sera à
« soixante sols d'amende tant le donneur que le preneur. »

« Les Recommandaresses qui ont accoutumé à louer
« chambrières et nourrices auront pour commander ou
« louer une nourrice deux sols, tant d'une partie comme
« d'autre et ne pourront ni louer ni commander qu'une fois
« l'an, et qui plus en donnera et en prendra, il l'amendera
« de dix sols et la Recommandaresse qui deux fois en l'an
« louera nourrice sera punie par prise de corps et pillory. »

Il semble qu'à cette époque les meneuses firent une concurrence déloyale aux recommandaresses, car en 1641, le Parlement rendit l'arrêt suivant : « ..... Sera condamnée
« à 50 livres d'amende et à la prison pour la première fois,
« la meneuse conduisant des nourrices ailleurs qu'aux

« bureaux des recommandaresses, et à une amende les
« sages-femmes et aubergiste recevant, retirant ou louant
« des nourrices. »

Le 4 février 1615, Louis XIII fait défense à toute autre
personne qu'aux recommandaresses de faire venir des
nourrices et de procurer des nourrissons. — Semblable
défense est renouvelée le 6 décembre 1655 par Louis XIV,
et le 29 juillet par le Parlement. — Le 29 janvier 1715,
par ordonnance royale, le nombre des recommandaresses
est porté de deux à quatre : il leur est enjoint d'avoir un
registre paraphé par le lieutenant général de police et
destiné à inscrire les noms, âge, pays des nourrices. La
même ordonnance défend aux nourrices de prendre deux
nourrissons à la fois, de remettre à d'autres ceux qui leur
étaient confiés, ou de recevoir pour être allaité un enfant
dans le cas où elles seraient enceintes, le tout sous peine
de fouet et de 50 livres d'amende. — En 1762, une autre
ordonnance royale interdit aux nourrices d'allaiter un enfant étranger avant que leur propre enfant, qui ne peut
être âgé de plus de sept mois, ne soit sevré. — Le 24 juillet
1769, les bureaux des recommandaresses furent interdits
et l'on créa à la place un bureau général qui fut mis dans
les attributions de la préfecture de police.

Le 28 juin 1793, la Convention nationale rendit un dé-
cret qui régla les devoirs des parents à l'égard de leurs
enfants, l'allaitement maternel est formellement prescrit ;
nulle mère ne pourra s'affranchir de ce devoir que dans
le cas où il y aura impossibilité ou danger dans cet allaitement pour la mère ou pour l'enfant. — Il est décidé que
des secours seront accordés aux mères nécessiteuses et aux
filles-mères, etc. « On n'a rien imaginé de plus humain,
« de plus complet, ni antérieurement ni depuis. » (Charles

Thirion, *Bulletin de la Société protectrice de l'Enfance*, 1869,
page 228.)

Le 9 août 1828, M. de Belleyme, alors préfet de police,
frappé des abus de tous genres qui s'étaient introduits
dans l'industrie nourricière, rendit une ordonnance qui
fixait les conditions dans lesquelles elle pouvait s'exercer.

Enfin, le 26 juin 1842, une dernière ordonnance de police, encore en vigueur aujourd'hui, chercha à prévenir
les fraudes commises pour se procurer des nourrissons ; elle
fixa les conditions à remplir par les bureaux particuliers
pour le placement, le logement des nourrices, l'envoi des
nourrissons dans la campagne, leur surveillance, etc.

Cette ordonnance, comme toutes celles qui l'ont précédée, est tombée en désuétude. — Cinq siècles d'expérience
ont assez démontré l'insuffisance de toutes les réglementa-
tions qui sont intervenues ; voyons donc si nous pourrons
faire mieux, efforçons-nous de ramener la mortalité à
5 pour 100, chiffre, on s'en souvient, qui a été trouvé dans
un arrondissement du département du Rhône et que nous
devons considérer comme étant celui qui se rapproche le
plus de la mortalité normale, *de la mortalité inévitable*.

De l'infanticide. — Avant d'aller plus loin, il importe
d'examiner la question de l'infanticide sous ses différents
aspects.

L'infanticide, que l'article 300 du Code pénal définit :
« le meurtre d'un enfant nouveau-né, » est un des crimes
contre lesquels la justice a le plus souvent à sévir, mais il
est difficile à constater.

Ce meurtre, c'est-à-dire la mise à mort par un moyen
violent, dont l'effet est immédiat, a pour victime un petit
être dont la naissance a, en général, été enveloppée dans
un mystère. Cet attentat contre les jours d'un être faible

que la société a le devoir de protéger, puisqu'il ne peut
se défendre lui-même, se produit fréquemment dans des
conditions qui si elles ne l'excusent pas en atténuent du
moins l'étendue.

« C'est, dit Beccaria, *Des délits et des peines*, § 36, le re-
« sultat inévitable de l'affreuse alternative où se trouve
« une infortunée qui n'a cédé que par faiblesse ou qui a
« succombé sous les efforts de la violence. — D'un côté
« l'infamie, de l'autre la mort d'un être incapable de sen-
« tir la perte de la vie : comment ne préférerait-elle pas
« ce dernier parti qui la dérobe à la honte et à la misère,
« elle et son malheureux enfant ? »

Assurément, un meurtre commis dans ces conditions
n'a pas la gravité du meurtre commis par la cupidité ou
la vengeance, il y a incontestablement justice à atténuer
la peine du crime, mais s'il doit être moins gravement
puni, il ne cesse pas pour cela d'exister. — Rien ne peut
justifier la mère qui n'a pas voulu sacrifier son honneur et
sa réputation à son devoir, et qui a porté une main crimi-
nelle sur l'être auquel elle a donné le jour : la loi, dans le
châtiment qu'elle lui inflige, ne fait qu'accomplir un acte
de justice, elle donne de plus satisfaction à la société
atteinte dans l'un de ses membres.

Mais à côté de ce genre d'infanticide que j'appellerai
légal, il en existe un autre d'autant plus odieux qu'il est
le résultat d'une préméditation habilement calculée ou
d'une négligence volontaire à accomplir les devoirs qu'im-
posent aux parents les besoins du premier âge.

Je veux parler de ce genre de mort qu'on inflige à l'enfance par des négligences coupables, le manque de soins,
les violences réitérées, enfin tous les actes qui, considérés
isolément, sont incapables d'entraîner la mort, mais qui

fréquemment reproduits peuvent conduire à ce résultat.

Nous savons de quelle vigilance la loi entoure l'enfant dès le moment de sa conception ; la loi punit en effet sévèrement l'avortement ; elle punit de mort l'infanticide constaté, qu'il soit prémédité ou non ; il suffit pour que la loi soit appliquée dans toute sa rigueur que l'enfant soit *nouveau-né*, qu'il soit né *vivant* et que la mort ait été causée *volontairement*. — Mais d'après la loi encore, si l'enfant a péri par négligence, défaut de soins, imprudence, il n'y a pas infanticide, puisque la mort n'est pas l'effet d'une violence déterminée, et dans ce cas on n'applique que des peines correctionnelles (article 319).

Il semble donc que la violence soit nécessaire pour qu'il y ait infanticide. D'après nous, il y a là une lacune regrettable, car si on parvient à démontrer que le défaut de soins a eu pour but évident d'amener la mort, de commettre un crime, nul doute qu'il y ait infanticide. Or c'est là le cas plus fréquent que nous rencontrons dans nos campagnes. La nourrice ou la meneuse ne tue jamais violemment l'enfant qui lui a été confié, elle le laisse mourir faute de soins, alors qu'elle aurait pu arriver au résultat contraire.

Que doit-on entendre par *nouveau-né ?*

Au bout de combien de jours l'enfant cesse-t-il d'être nouveau-né ?

La loi ne s'explique pas d'une façon positive à cet égard : d'après la jurisprudence généralement admise, l'enfant cesse de porter la qualification de nouveau-né à partir du moment où la déclaration de naissance a été faite devant l'officier de l'état civil, à partir de cette époque, il participe aux garanties communes ; sa mort, lorsqu'elle est violente, est qualifiée de meurtre et non d'infanticide. — Or,

en vertu de l'article 55 du Code civil, « les déclarations de
« naissances seront faites dans les trois jours de l'accou-
« chement...; » passé ce délai, si cette formalité a été
remplie, le meurtre fait place à l'infanticide et reste soumis aux lois communes.

Il nous semble que ce délai est trop restreint : si le
crime d'infanticide entraîne les peines les plus rigoureuses,
souvent la condamnation à mort, c'est évidemment parce
qu'on a voulu entourer d'une protection toute spéciale cet
être qui est d'une faiblesse extrême : mais alors pourquoi
ne pas l'entourer de la même protection jusqu'à cette époque de la vie où les forces commencent à se développer,
où une vie nouvelle va pour ainsi dire commencer pour
lui, je veux parler de cet âge où les premières dents commencent à apparaître, où l'enfant pourra à la rigueur se
passer du lait de la mère qui lui a donné le jour, ou de la
nourrice qui s'est chargée de l'allaiter, de cet âge, en un
mot, où il pourra digérer les aliments solides.

Je voudrais donc que le meurtre d'un enfant fût qualifié
d'infanticide et puni comme tel jusqu'à ce qu'il ait atteint
l'âge de six mois accomplis, époque à laquelle sortent les
premières dents.

L'infanticide que nous avons appelé légal, quand il
existe réellement, peut facilement être établi par les in-
vestigations de la science et les recherches du médecin-
légiste. — L'infanticide par négligence, au contraire,
échappe à toute analyse : la série des faits qui le constituent est souvent interrompue, variée, insaisissable, et
déroute sans cesse la justice, il n'en doit pas moins être
poursuivi dans toutes ses transformations, et la loi doit donner aux tribunaux une arme vigoureuse contre cet attentat.

C'est dans cette catégorie de crimes que l'on doit faire entrer l'industrie nourricière, envisagée sous toutes ses formes.

La mère qui abandonne son enfant, qui lui refuse le lait nécessaire à l'entretien de son existence, pour le vendre à un enfant étranger, celle qui remplace cet aliment naturel par une nourriture grossière et détermine de cette façon la mort de ce petit être, commet un meurtre qui souvent reste impuni; les annales du crime comptent alors un attentat de plus sans que celles de la justice enregistrent de châtiment.

Ce que demande la femme qui fait métier de nourrir les enfants des autres, c'est de renouveler fréquemment ses nourritures sans accroître sa famille; — celle dans le cœur de laquelle ce dernier sentiment de barbarie n'a pas encore trouvé place n'en est pas moins coupable, quoiqu'à un moindre degré cependant, l'abandon de son enfant constitue une faute volontaire qui doit être punie, si cet abandon a causé la mort.

Que si, détournant nos regards de ce spectacle, nous pénétrons dans ces chaumières où les mères parisiennes ont l'imprudence d'envoyer leurs enfants, combien plus sombre encore est le tableau.

Si l'enfant est un capital qu'on exploite, on lui donne juste la quantité de soins et d'aliments nécessaires à la conservation de cette source de revenus, souvent même il est mort depuis longtemps que les nourrices réclament le payement de la pension promise.

Le *Petit-Paris* est tellement considéré comme une *chose*, que quand la cloche du village de son glas funèbre annonce qu'un être vient de disparaître du monde, si l'on demande qui est mort, ce n'est rien, répond-on, c'est un *Petit-Paris*, et chacun passe complétement rassuré.

Un état de choses si déplorable déshonore un pays civilisé ; il est temps que le législateur s'émeuve et mette un terme à cette traite des blancs ; il est temps que la femme des campagnes soit rappelée à ses devoirs de mère, en cessant de spéculer au dehors sur ce qu'elle doit à son foyer, à ses devoirs de nourrice, en remplissant l'obligation qu'elle a contractée volontairement, de tenir lieu de mère ; le temps aussi est venu de voir dans l'enfant un être qui a ses droits et vis-à-vis duquel les nourrices et les parents ont des devoirs dont ils ne peuvent se plaindre puisqu'ils les ont sollicités, les uns des parents, les autres de la nature. Art. 203 du Code civil : « Les époux contractent ensemble, par le fait seul du mariage, l'obligation de nourrir, entretenir et élever leurs enfants. » Or, si l'aliment indispensable au nouveau-né se trouve tout préparé dans le sein de la mère, s'il est fourni par la nature, combien est coupable cette mère qui refuse de le fournir à son enfant, si aucune cause majeure ne vient y mettre obstacle !

Assurément la loi devra prendre de grandes précautions pour arriver à la constatation d'un fait toujours obscur et difficile à vérifier ; la mort peut être naturelle, elle peut être le résultat d'un accident ou causée par un fait involontaire. Mais si les faits, clairement constatés, révèlent soit une faute volontaire, soit une intention évidente de procurer la mort, l'indulgence vis-à-vis de la mère ne serait-elle pas un déni de justice vis-à-vis de l'enfant?

La loi punit l'infanticide légal, combien cependant sont plus coupables la mère ou la nourrice qui par leur faute ou leur négligence coupable, infligent à l'enfant une mort violente et remplie de souffrances ! combien moins dignes de pitié que cette pauvre fille devenue mère qui, affolée de douleur et de honte, a vu dans le meurtre le moyen d'échapper au déshonneur ou à la misère ! Qu'avait-elle en effet à déposer dans le berceau de son enfant, sinon la flétrissure de sa naissance et l'attente d'une vie misérable !

L'autre, au contraire, ce Petit-Paris, éloigné des siens, n'avait-il pas un nom? n'avait-il pas des parents fiers de l'avouer au grand jour et comptant sur lui pour soutenir leur vieillesse? Éloignés, ils attendent avec impatience l'heure de son retour ! hélas, au lieu de l'enfant, c'est la nouvelle de sa mort qui arrive, mais ce qu'ils ignorent, c'est que ce petit enfant tant désiré a été victime de la cupidité, de la négligence de ceux à qui il avait été confié.

La suppression du premier est sévèrement punie, pourquoi celle du second ne le serait-elle point? est-il moins digne de notre intérêt, de notre sollicitude?

IV.

LÉGISLATION.

De l'étude que nous venons de faire, il résulte pour nous que la législation doit prendre des mesures préventives contre les déplorables abus que nous avons signalés, et surtout des mesures répressives rigoureuses contre les infractions aux devoirs que l'article 203 du Code civil impose aux parents.

§ 1. — Mesures préventives.

1. La constatation des naissances aura lieu à domicile par l'officier de l'état civil ou par un délégué.

2. La mère ne pourra allaiter d'autre enfant que le sien, tant que cette alimentation naturelle lui sera nécessaire, c'est-à-dire jusqu'à l'âge de 6 à 10 mois, suivant les besoins de l'enfant.

3. — Les nourrices qui se présenteront dans les bureaux de placement ne devront être acceptées que munies de l'acte de naissance de leur enfant, d'un certificat d'un médecin déclarant que l'enfant peut être sevré. — Le tout sous peine d'amende contre le directeur de la maison de placement et des peines ordinaires de faux contre le maire qui aurait délivré un certificat de complaisance.

4. — Le maire de la commune devra déférer au parquet les nourrices qui, par l'intermédiaire des meneurs ou meneuses, ou de leurs relations, se seraient placées avant l'expiration des délais susfixés. (Peines à édicter par le législateur.)

5. — La nourrice dont l'enfant serait mort avant le délai susfixé pourra se placer à son gré, les bureaux pourront la recevoir sur un simple certificat délivré par le maire, sous les peines édictées plus haut.

§ 2. — *Mesures répressives.*

1. — Tant que l'allaitement est absolument nécessaire, c'est-à-dire jusqu'à ce que l'enfant ait atteint l'âge de six mois au moins, la femme qui lui aura par des manœuvres coupables, violences, sévices et autres, procuré la mort sera coupable d'*infanticide* et poursuivie comme telle.

2. — La femme qui par l'abandon de son enfant, ou celle qui par le manquement à ses devoirs vis-à-vis de son nourrisson, aura été la cause involontaire de sa mort, sera passible de l'article 319 du Code pénal.

Telles sont les dispositions préventives et répressives qui d'après nous pourraient être introduites dans la législation actuelle. — Nous les avons résumées le plus succinctement possible, persuadé que pour que la loi soit efficace et d'une application facile, elle doit être formulée d'une façon courte, dans des termes simples et concis.

Nous n'entrerons pas dans les détails d'une ordonnance à intervenir pour la tenue des bureaux de placement, pour le transport des nourrices et des nourrissons, leur inscription à la mairie des communes où ils arrivent, la surveillance médicale à établir, etc., etc... L'ordonnance de 1842 et toutes celles qui l'ont précédée fourniront les éléments nécessaires à la rédaction d'un règlement efficace, approprié à l'état actuel de nos mœurs et au milieu social dans lequel nous vivons : ce qui importera surtout, c'est qu'une fois les mesures édictées, elles soient rigoureusement observées et appliquées dans tous leurs détails.

Ces mesures suffiront-elles pour restreindre la mortalité excessive des enfants du premier âge? Nous osons l'espérer ; mais les mesures répressives que nous venons de proposer ne seront véritablement efficaces, ne l'oublions pas, que si elles sont secondées, tempérées par l'influence individuelle, par la vigilance de la famille. — Au-dessus de l'action administrative doit se placer la sollicitude de la famille, il faut que l'autorité intervienne, mais elle ne doit pas se substituer aux parents, elle doit concourir à rendre plus facile et plus sûre la surveillance des enfants en nourrice, elle devra intervenir, exercer son contrôle, substituer sa tutelle lorsque la famille indifférente ou négligente aura su s'en affranchir.

A côté de la sanction pénale doit exister la sanction rémunératrice ; en face de la répression réservée aux crimes et aux délits doit se placer la récompense destinée au devoir et à la vertu.

Moralisons l'industrie nourricière, elle deviendra meilleure ; les abus, les négligences disparaîtront pour la plupart le jour où le dévouement et le zèle seront récompensés. — Jusqu'à présent, la Société protectrice de l'enfance seule est entrée dans cette voie, et cependant son action quoique isolée a produit les meilleurs résultats dans la contrée que j'habite, il serait facile d'en donner des preuves nombreuses.

Forts de ces résultats, encouragés par cette expérience, unissons-nous, formons des sociétés maternelles, des sociétés protectrices de l'enfance dans tous les départements; que chaque commune ait son comité de surveillance, composé du maire, du curé, de l'instituteur, de dames charitables entourées de considération et de respect, leur contrôle sera accepté sans répugnance par les nourrices; qu'un médecin-inspecteur soit adjoint à ces comités, qu'il soit chargé de veiller sur la santé des enfants et sur celle des nourrices dont il sera le guide et le conseil dans toutes les questions d'hygiène.

Faisons pénétrer dans l'esprit des populations cette vérité que l'amour de la patrie a pour principe l'amour de la famille, que le vrai patriotisme consiste à élever les enfants sous l'égide des principes moraux.

Portons la persuasion dans l'esprit de nos pauvres paysannes grossières et ignorantes; rappelons-les à leur devoir de mère, montrons-leur les inconvénients et les dangers de certaines pratiques malsaines; déracinons ces routines absurdes, ces préjugés si préjudiciables à la santé et à la vie des enfants.

Au nom de la morale, au nom de la société, au nom de la France, unissons nos efforts, mettons-nous tous à l'œuvre et nous aurons accompli la tâche la plus difficile, mais aussi la plus noble, la plus éminemment utile et la plus féconde en résultats heureux qui ait été entreprise dans ce siècle d'égoïsme et d'ambition.

FIN.

TABLE

FIN DE LA TABLE.

TRAITÉ PRATIQUE DES MALADIES DES FEMMES
HORS L'ÉTAT DE GROSSESSE,
PENDANT LA GROSSESSE ET APRÈS L'ACCOUCHEMENT,
Par Fleetwood CHURCHILL.
Professeur à King's and Queen's College of Physicians, à Dublin, etc.
TRADUIT DE L'ANGLAIS SUR LA CINQUIÈME ÉDITION
Par les docteurs Alexandre WIELAND et Jules DUBRISAY,
et contenant l'exposé des travaux français et étrangers les plus récents.
1 vol. gr. in-8° de 1228 pages, avec 291 figures. — 18 fr.

TRAITÉ PRATIQUE DE L'ART DES ACCOUCHEMENTS
Par le docteur CHAILLY-HONORÉ,
Membre de l'Académie de médecine.
CINQUIÈME ÉDITION, REVUE ET CORRIGÉE.
1867. — 1 vol. in-8° de 1032 pages, avec 232 figures.

GUIDE PRATIQUE DE L'ACCOUCHEUR ET DE LA SAGE-FEMME
Par le docteur L. PENARD,
Professeur d'accouchements à l'École de médecine de Rochefort.
DEUXIÈME ÉDITION, REVUE ET AUGMENTÉE.
Paris, 1865, 1 vol. in-18 de 500 pages, avec 112 figures. — 4 fr.

HISTOIRE PHILOSOPHIQUE ET MÉDICALE DE LA FEMME
Par M. le Dr MENVILLE
Considérée dans les époques principales de la vie, avec ses diverses fonctions,
avec les changements qui surviennent dans son physique et son moral,
avec l'hygiène applicable à son sexe et à toutes les maladies qui peuvent l'atteindre
aux différents âges.
2e édition revue et augmentée. — 3 vol. in-8°. — AU LIEU DE 24 fr. 10 fr.

TRAITÉ DE LA MENSTRUATION
SES RAPPORTS AVEC L'OVULATION, LA FÉCONDATION
DE LA PUBERTÉ ET DE L'AGE CRITIQUE, SON ROLE DANS LES DIFFÉRENTES
MALADIES, SES TROUBLES ET LEURS TRAITEMENTS
Par A. RACIBORSKI,
Lauréat de l'Institut (Académie des sciences) et de l'Académie de médecine.
1868, grand in-8 de 670 pages, avec 2 pl. chromolithographiées. — 12 fr.

Education de l'enfant au point de vue physique et moral, depuis la naissance
jusqu'à la première dentition, par Ph. GYOUX, médecin adjoint des hôpitaux de
Bordeaux. Ouvrage couronné par la Société protectrice de l'enfance de Paris.
(Prix de 1869.) Paris, 1870, 1 vol. in-18 jésus de 324 pages.   3 fr.

De l'influence des maladies de la femme pendant la grossesse
sur la constitution et la santé de l'enfant, par le docteur L. X. BOURGEOIS, médecin à Tourcoing. Paris, 1861, in-4 de 120 pages.   3 fr. 50

De la mort subite dans l'état puerpéral, par le docteur A. MORDRET.
Paris, 1858, 1 vol. in-4 de 180 pages.   4 fr. 50

Des maladies puerpérales, par le docteur JULES SIMON, médecin des hôpitaux. Paris, 1866, in-8, 184 pages.   3 fr.

Imprimerie de L. TOINON et Cie, à Saint-Germain.